PLANETA ANIMAL

LA SERPIENTE

VALERIE BODDEN

CREATIVE EDUCATION

Publicado por Creative Education
P.O. Box 227, Mankato, Minnesota 56002
Creative Education es una marca
editorial de The Creative Company
www.thecreativecompany.us

Diseño de The Design Lab
Producción de Angela Korte & Colin O'Dea
Dirección de arte de Rita Marshall
Impreso en los Estados Unidos de América
Traducción de TRAVOD, www.travod.com

Fotografías de Alamy (BIOSPHOTO), Getty Images (Tom Bean, DEA PICTURE LIBRARY, dekihendrik/iStock, George Grall, Hillary Kladke/Moment, Mark Kostich/E+, David A. Northcott/Corbis Documentary), iStockphoto (ifish, Mark Kostich), Minden Pictures (Pete Oxford), Shutterstock (Vince Adam)

Información del Catálogo de publicaciones de la Biblioteca del Congreso is available under PCN 2019930506.
ISBN 978-1-64026-267-6 (library binding)

Tabla de contenido

Las serpientes se deslizan usando sus músculos y escamas para trasladarse.

Las serpientes son **reptiles** largos y delgados. No tienen patas. Hay más de 3,000 tipos de serpientes en el mundo. Muchas serpientes son verdes o marrones. Otras son rojas o negras.

reptiles animales que tienen una piel seca y escamosa, y un cuerpo que siempre está tan cálido o frío como el aire que lo rodea

La bifurcación de la lengua de una serpiente le ayuda a localizar el origen de un olor.

Las serpientes están cubiertas con escamas. Estas placas óseas ayudan a proteger a las serpientes. Las serpientes tienen una lengua **bifurcada**. Sacan la lengua para recoger los olores del aire.

bifurcado dividido en dos partes

Algunas serpientes son pequeñas. Pueden ser más pequeñas que un gusano. Otras serpientes son enormes. ¡La pitón reticulada puede medir 25 pies (6.7 m) de largo! ¡Las anacondas verdes pueden pesar más que tres adultos juntos!

Las serpientes continúan creciendo a lo largo de sus vidas.

Las serpientes viven en todas partes excepto en la Antártida y en algunas islas. Algunas serpientes viven en la hierba. Otras viven en bosques. Algunos tipos de serpientes viven en los desiertos. Otras incluso viven en el agua.

Las serpientes de mar pueden permanecer bajo el agua durante dos horas por vez.

Las serpientes se tragan sus comidas de un solo bocado. Pueden tragar animales más grandes que sus propias cabezas. Sus mandíbulas se separan. Algunas serpientes comen ranas o ratones. Otras comen pájaros. Las serpientes grandes incluso comen monos o venados.

Todas las serpientes son carnívoras, es decir que comen carne.

La mayoría de las serpientes madre ponen huevos blandos. Las crías de las serpientes salen de los huevos. Otras madres serpientes dan a luz a las crías. Las serpientes no cuidan a sus crías. A medida que crecen las serpientes crías, pierden su piel vieja y crece piel nueva. A medida que crecen, las serpientes mudan su piel con menos frecuencia.

Las crías de serpiente generalmente no comen hasta que han mudado su piel una vez.

Las serpientes pasan gran parte del día descansando. Si están frías, se ponen al sol para calentarse. Si se calientan demasiado, se van a un lugar más fresco.

A las serpientes les gusta estar solas la mayor parte del tiempo.

Después de una gran comida, la serpiente puede estar sin comer durante unos meses.

Las serpientes pasan parte de su tiempo buscando comida. Son cazadores silenciosos. Cuando encuentran a su **presa**, atacan rápidamente. Algunas serpientes matan a su presa apretándola. Otras serpientes tienen veneno. Esto envenena a la presa cuando la serpiente la muerde.

presa animales que otros animales comen

Algunas personas tienen serpientes como mascotas. A mucha gente le gusta mirar a las serpientes en los zoológicos. Otros pueden ver serpientes en libertad. ¡Es divertido ver a estos animales escamosos doblarse y moverse!

Menos de 700 tipos de serpientes son venenosas.

Un cuento sobre serpientes

La gente en África solía contar una historia sobre por qué las serpientes no tienen patas. Dijeron que una vez algunos animales tenían una granja. Alguien robó comida de la granja. Los animales pusieron alquitrán en el suelo para atrapar al ladrón. ¡Era la serpiente! Los animales sacaron a la serpiente, pero sus patas se quedaron atrapadas en el alquitrán. ¡A partir de entonces, la serpiente tuvo que arrastrarse sobre su vientre!

Índice